上海市工程建设规范

地铁盾构法隧道衬砌加固技术标准

Technical standard for strengthening tunnel linings with metro shield

DG/TJ 08—2388—2021
J 16746—2021

主编单位：上海隧道工程有限公司
上海申通地铁集团有限公司
上海地铁维护保障有限公司
批准部门：上海市住房和城乡建设管理委员会
施行日期：2022 年 5 月 1 日

同济大学出版社

2022 上海

图书在版编目(CIP)数据

地铁盾构法隧道衬砌加固技术标准/上海隧道工程有限公司,上海申通地铁集团有限公司,上海地铁维护保障有限公司主编. —上海：同济大学出版社，2022.10

ISBN 978-7-5765-0415-6

Ⅰ.①地… Ⅱ.①上…②上…③上… Ⅲ.①地铁隧道-隧道施工-盾构法-隧道衬砌-加固-技术标准-上海 Ⅳ.①U231.3-65

中国版本图书馆 CIP 数据核字(2022)第 189079 号

地铁盾构法隧道衬砌加固技术标准

上海隧道工程有限公司
上海申通地铁集团有限公司 **主编**
上海地铁维护保障有限公司

责任编辑 朱 勇
责任校对 徐春莲
封面设计 陈益平

出版发行 同济大学出版社 www.tongjipress.com.cn
(地址:上海市四平路 1239 号 邮编:200092 电话:021-65985622)
经　　销 全国各地新华书店
印　　刷 浦江求真印务有限公司
开　　本 889mm×1194mm 1/32
印　　张 2.625
字　　数 71 000
版　　次 2022 年 10 月第 1 版
印　　次 2022 年 10 月第 1 次印刷
书　　号 ISBN 978-7-5765-0415-6
定　　价 25.00 元

上海市住房和城乡建设管理委员会文件

沪建标定〔2021〕786 号

上海市住房和城乡建设管理委员会关于批准《地铁盾构法隧道衬砌加固技术标准》为上海市工程建设规范的通知

各有关单位：

由上海隧道工程有限公司、上海申通地铁集团有限公司和上海地铁维护保障有限公司主编的《地铁盾构法隧道衬砌加固技术标准》，经我委审核，现批准为上海市工程建设规范，统一编号为DG/TJ 08—2388—2021，自 2022 年 5 月 1 日起实施。

本标准由上海市住房和城乡建设管理委员会负责管理，上海隧道工程有限公司负责解释。

上海市住房和城乡建设管理委员会

二〇二一年十二月二日

前　言

根据上海市住房和城乡建设管理委员会《关于印发〈2016 年上海市工程建设规范编制计划〉的通知》（沪建管〔2015〕871 号）的要求，编制组广泛调查研究、深入讨论和认真总结上海地区的地铁盾构法隧道衬砌加固施工技术和工程经验，参考了相关先进成果，并在广泛征求意见的基础上，经多次修改完成了本标准的制定。

本标准的主要内容有：总则；术语；基本规定；施工准备与恢复移交；隧道地基加固；隧道渗漏处理；隧道结构处理；隧道钢内衬加固；测量与监测；施工检验。

各单位在执行本标准时，如有建议或意见，请反馈至上海市交通委员会（地址：上海市世博村路 300 号 1 号楼；邮编：200125；E-mail：shjtbiaozhun@126.com），上海隧道工程有限公司（地址：上海市宛平南路 1099 号；邮编：200032；E-mail：81310095@qq.com），上海市建筑建材业市场管理总站（地址：上海市小木桥路 683 号；邮编：200032 ；E-mail：shgcbz@163.com），以供今后修订时参考。

主 编 单 位：上海隧道工程有限公司
上海申通地铁集团有限公司
上海地铁维护保障有限公司

参 编 单 位：上海隧道工程股份有限公司
上海隧道盾构工程有限公司
上海市隧道工程轨道交通设计研究院
城盾隧安地下工程有限公司
上海隧道工程有限公司市政公用工程设计研究院

上海建科工程咨询有限公司
同济大学

主要起草人： 朱雁飞　王如路　吴惠明　朱　妍　黄德中
李　刚　李　迅　李芹峰　吴列成　何小玲
王　浩　陈培新　李家平　寇晓勇　范　杰
张　帆　冯　师　李永迪　张　衍　杨志豪
万　敏　邵　华　柳　献　蔡来炳　曹伟飚
管攀峰　许　熠　沈张勇　张云超　严初春
孙　磊　吴佳琪　陈建伟　朱海军

主要审查人： 杨国祥　曹伟飚　陈立生　陈培泰　王　杰
叶国强　袁　勇

上海市建筑建材业市场管理总站

目　次

Contents

1 总 则

1.0.1 为规范地铁盾构法隧道衬砌结构加固施工，统一施工技术标准，根据安全可靠、经济可行、利于操作的原则，制定本标准。

1.0.2 本标准适用于本市地铁盾构法隧道的衬砌加固工程，其他盾构法隧道在技术条件相同时也可适用。

1.0.3 地铁盾构法隧道衬砌结构加固施工除应执行本标准外，尚应符合国家、行业、本市现行相关标准的规定。

2 术 语

2.0.1 盾构法隧道 shield tunnel

采用盾构法施工技术修建成的预制管片拼装式隧道。

2.0.2 隧道衬砌结构加固 strengthening of shield tunnel

隧道衬砌结构出现病害和损坏等情况，影响地铁运营功能和安全，为此采用技术措施对隧道衬砌结构及地基进行修补、补强等加固施工，内容包括地基加固、渗漏处理、结构处理及加固等，确保其恢复正常功能和安全状态的方法。

2.0.3 管片破损 segment failure or damage

盾构法隧道衬砌结构发生的表面损伤，如裂缝、剥落、掉角等。

2.0.4 隧道渗漏 water seepage or leakage

盾构法隧道衬砌结构因点渗漏、线渗漏或面渗漏而导致的隧道渗水、漏水或涌水现象。

2.0.5 隧道衬砌结构超标变形 large deformation of tunnel lining

盾构法隧道衬砌结构发生超过其设计限定范围并影响其功能或安全的变形。

2.0.6 地基加固 ground treatment

提高地基强度，改善其变形或渗透性质而采取的技术措施。

2.0.7 注浆加固 grounting reinforcement

将水泥浆或其他化学浆液注入地基土层中，增强土颗粒间的联结，使土体强度提高、土体变形减少、渗透性降低的加固方法。

2.0.8 道床加固 roadbed reinforcement

通过置换、填充等方式将化学浆液注入道床与隧道管片之间间隙的处理方法。

2.0.9 纤维织物加固 reinforcement with fiber fabric

为临时改善隧道结构受力性能，采用纤维织物和粘结剂对破损管片进行加固的一种工艺。

2.0.10 钢内衬加固 reinforcement with steel lining

又称钢环加固、隧道内张钢圈加固。为补强隧道结构的承载能力的不足，满足结构使用寿命期的功能和耐久性要求，采用环形钢板，通过锚栓固定于隧道管片内弧面，并在钢板与管片之间的间隙中充填粘结材料，以此形成钢环与隧道共同受力结构的一种工艺。

2.0.11 隧道内钢板拼装机械手 machinery for reinforcement with steel lining

在隧道内部复杂条件下，能实施拼装作业的专用设备，具备起重、旋转、提升、平移等机械动作的功能。

2.0.12 填充粘结 filling and bonding

当钢环内衬安装完成以后，通过预留孔对钢板与隧道衬砌之间的间隙进行充填刚性环氧树脂，使得钢内衬与隧道衬砌粘结形成一个整体受力结构的施工工序。

2.0.13 界面处理 surface treatment

为改善加固材料与管片之间的粘合能力，对管片表面或破损面进行的机械或物理化学处理的方法。

2.0.14 双液微扰动注浆 micro-disturbed cement-silicate grout

一种不影响隧道正常运营且具有均匀、少量、多点、多次特点的双液注浆工艺，既能实现对隧道周边软土地层填充、压密和加固的作用，又能有效控制隧道位移和变形，还可用于环境敏感区域的软土地层加固。

2.0.15 复合腔体加固 composite cavity reinforcement

将复合材料构件与钢筋混凝土构件通过特殊工艺组合形成的新型土木工程结构形式，多用于有较大变形，但未出现明显破损的盾构法隧道的结构加固。

2.0.16 错台 step

成型隧道相邻管片接缝处的高差。

3 基本规定

3.0.1 地铁隧道衬砌结构出现破损、渗漏、变形等影响使用功能和结构耐久性时，应对隧道衬砌加固。

3.0.2 在地铁隧道衬砌结构加固施工前，应具备下列资料：

1 工程地质和水文地质勘察报告。

2 隧道结构设计图纸资料及相关资料。

3 以往隧道衬砌加固施工资料。

4 隧道内部管线资料。

5 隧道施工竣工资料。

6 隧道结构监测数据及结构检测检定报告。

7 衬砌加固施工区域附近沿线的环境、建(构)筑物、地下管线和障碍物等资料。

8 衬砌加固工程设计图纸资料和工程技术要求文件。

9 专项施工方案和专项应急预案。

10 其他相关的文件资料。

3.0.3 应针对隧道衬砌结构损伤所产生的原因，提出加固的目标使用年限和技术标准，再结合施工环境保护要求，制定隧道衬砌加固的设计方案。

3.0.4 地铁隧道衬砌结构加固施工应制定专项施工方案，并按照方案组织施工。施工组织应分地基加固、渗漏处理、结构处理及钢内衬加固四个工艺编制。隧道病害的治理措施可照表 3.0.4 选用。

3.0.5 隧道衬砌结构加固施工工艺及操作要求应根据设计文件、施工工况及周围环境保护等要求制定，并与工程材料和设备机具相匹配。

表 3.0.4　隧道病害治理措施

<table>
<tr><th>内容</th><th colspan="2">处理对象</th><th>措施</th></tr>
<tr><td rowspan="2">隧道地基加固</td><td colspan="2">隧道衬砌环收敛变形不稳定现象</td><td>地面注浆加固、隧道内部注浆加固</td></tr>
<tr><td colspan="2">隧道沉降现象</td><td>隧道内部注浆加固</td></tr>
<tr><td>隧道渗漏处理</td><td colspan="2">隧道衬砌环渗漏水现象</td><td>注浆堵漏、隧道嵌缝</td></tr>
<tr><td rowspan="3">隧道衬砌结构处理</td><td colspan="2">隧道衬砌接头张开现象</td><td>环纵缝处理</td></tr>
<tr><td colspan="2">隧道衬砌环管片破损现象</td><td>管片破损修复、纤维织物粘贴</td></tr>
<tr><td colspan="2">隧道道床与隧道管片结构脱空现象</td><td>道床处理</td></tr>
<tr><td rowspan="2">隧道钢内衬加固</td><td>主控项目</td><td>1）通缝拼装的衬砌环收敛变形≥10 cm
2）错缝拼装的衬砌环收敛变形≥7 cm</td><td>钢内衬制作与加工、钢内衬安装、间隙环氧填充</td></tr>
<tr><td>一般项目</td><td>1）管片裂缝宽度≥0.2 mm
2）裂缝深度≥5 cm
3）管片错台≥3 cm
4）隧道单侧位移≥1 cm</td><td>若出现一般项目中的病害指标，应根据设计要求确定治理措施</td></tr>
</table>

注：隧道衬砌加固还可采用复合腔体加固新技术。

3.0.6　隧道衬砌结构加固施工应对隧道内各专业设施进行防护，并满足正常运营地铁内各专业设施的运营安全要求。

3.0.7　施工前必须明确隧道衬砌结构的平面位置和埋深。

4 施工准备与恢复移交

4.1 施工准备

4.1.1 施工前应对施工人员进行培训和安全、技术交底，各特殊工种人员应持证上岗。

4.1.2 施工安全措施应符合下列规定：

1 应制定隧道结构及附属设施风险防范的相应措施；对隧道结构的变形、错台、破损、漏水等情况应由专人进行检测和监测，并填写观测记录；对周边环境保护有要求时，应对周边邻近环境设施的变形进行监测和记录。

2 工作平台应专项设计并满足施工和安全要求，应在使用前验收。

3 当施工现场有影响施工人员健康的粉尘、噪声、有害辐射和有害气体时，应采取有效的防护措施，做好通风、排水、检测和监测，并安排专人值守。

4 施工现场的临时用电、动火应符合现行行业标准《施工现场临时用电安全技术规范》JGJ 46 的有关规定及地铁运营要求，并配备消防器材和人员监护；化学材料及产品应存放在远离火源的地方，并应密封存放；现场动火前必须申请，经批准后方可动火。

5 运营隧道内作业人员应遵循运营单位的管理规定和请销点制度，并保持信息畅通。

4.1.3 施工前运营单位应组织对施工单位进入运营区施工作业人员进行专项交底与培训。

4.1.4 隧道地基与内衬加固施工可按下列设备筹备：

1 地基加固设备可采用潜孔钻具、小型钻孔机、注浆设备等。

2 管片破损修补设备可采用小型压浆泵、脚手架等。

3 环氧堵漏、压注施工设备可采用环氧树脂压注设备配管路、脚手架、运输小平板等。

4 道床处理设备可采用定制手压泵等。

5 纤维织物粘贴设备可采用角向磨光机、称重仪、脚手架、专用剪等。

6 钢内衬加固设备可采用隧道内钢板拼装机械手平板车、牵引机头、切割机、空压机、定制小型平板车、单轨梁、照明电箱等。

7 钢板背后环氧充填设备可采用压注设备并配管路等。

4.1.5 施工前应查验材料的质量证明文件，并应进行材料复试，特殊材料宜进行实验测试。

4.1.6 施工前应做好通水、通电和信息通信工作。

4.1.7 施工前隧道内管线和设施的移位或保护应符合下列规定：

1 施工前应对隧道内管线和设施进行影像留存，并应进行交底和移交工作。

2 衬砌加固作业分段施工影响范围内的管线、拱顶接触网弹性支架、馈线和疏散通道应临时拆移或保护。

3 运营隧道断面的设施布置情况应进行实地调查，并应规划运输车辆和施工机械设备的行走和停靠位置，确认与接触网或接触轨等运营设施的安全距离满足要求后，方可开展加固作业。

4.2 恢复移交

4.2.1 隧道内管线和设施恢复作业时，对于施工前期临时改排的隧道内管线和设施，全部施工结束后宜按原状或按隧道管理单位要求恢复，并应做好交底工作。

4.2.2 隧道道床恢复作业应符合下列规定：

1　应恢复施工期凿除的道床结构。

2　恢复道床结构可采用自拌混凝土构筑，并应满足设计强度要求。

4.2.3　隧道内管线和设施恢复后，应组织隧道管理单位验收，并应办理移交手续。

5 隧道地基加固

5.1 一般规定

5.1.1 地面注浆应从地面钻孔并下管至隧道两侧或底部进行注浆。隧道内部注浆应从隧道内对隧道底部或两侧腰部进行注浆。对隧道衬砌结构纵向不均匀沉降、隧道衬砌结构位移和收敛变形可在隧道两侧和底部采用地面注浆和隧道内部注浆等施工工艺进行注浆加固,加固方式宜采用双液微扰动注浆加固,其施工工序应符合图 5.1.1 要求。

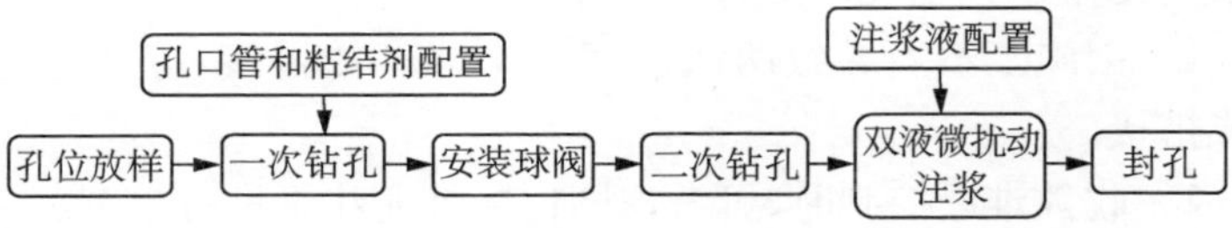

图 5.1.1 地基注浆施工工序图

5.1.2 隧道地基加固应充分考虑地质条件、隧道结构特点、隧道收敛现状、收敛变化速率、隧道不均匀沉降现状、沉降速率及发展趋势,合理确定加固设计要求。设计施工应符合现行上海市工程建设规范《地基处理技术规范》DG/TJ 08—40 的要求。

5.1.3 注浆加固应按适时、适量及合适孔位原则实施,注浆加固必须通过监测数据指导施工。监测应贯穿整个施工期并延续至工后,待监测数据稳定后方可停止监测。监测应符合现行国家标准《城市轨道交通工程监测技术规范》GB 50911 的要求。

5.1.4 当次施工结束后,应综合各方面信息加以分析,包括隧道收敛线型、水平位移、结构状况等，并针对隧道收敛情况进行预测，指导下阶段作业。

5.1.5 隧道地基加固应进行信息化施工，应符合下列规定：

1 作业指令应包括当次注浆安排、量测以及隧道检查三部分。

2 注浆工作安排应明确当次注浆的孔位分布、各孔拔管深度范围、注浆量、注浆压力、注浆时间段等。

3 注浆过程中应对水泥浆及水玻璃流量、注浆量、压力、实际拔管深度、注浆时间段以及对应测点注浆前后收敛变化量和位移量等信息予以详细记录。

4 当次注浆结束后，应按单孔注浆次序，将水泥浆比重、注浆压力、流量、注浆量以及拔管深度范围依次登记，开展数据的归纳分析，指导后续作业。

5.1.6 出现下列情况时应进行补充注浆：

1 因施工不当导致两次注浆体未能有效搭接，应补充注浆完成搭接。

2 收敛难以控制时，可考虑同位置补充注浆进行控制。

3 设计等其他要求应按照要求实施。

5.2 材　料

5.2.1 地面注浆所用材料配比可照表 5.2.1 的要求。

表 5.2.1　地面注浆所用材料配比

A 液(kg)		B 液(kg)
水	水泥(P.O42.5 级)	水玻璃(35°Bé)
100	70～100	58～87

5.2.2 地面注浆的 A 液配比可照表 5.2.2 的要求。

表 5.2.2 A 液配比

材料名称	水	水泥
规格	自来水	P.O42.5 级
重量比	0.7～1.0	1

5.2.3 地面注浆的 B 液(水玻璃液)选取 35°Bè 中性水玻璃,模数 2.85;水泥浆与水玻璃浆液的体积比介于 2∶1 到 3∶1 之间。

5.3 地面注浆加固

5.3.1 材料应符合下列规定:

1 水泥及泥浆配置:可选用 P.O42.5 级袋装或散装普通硅酸盐水泥;拌浆用水不得采用 pH 值小于 4 的酸性水和工业废水;水泥浆水灰比可控制在 0.6～1.0 之间,注浆宜采用均匀拌制 1 h 之内的新鲜浆液,不得离析。

2 水玻璃:宜选用 35°Bè～42°Bè,模数为 2.85～3.20 的水玻璃。

3 双液浆配比:双液浆比例应同时满足加固强度以及施工可操作性要求,一般水泥浆∶水玻璃体积比可控制在 2.5∶1～3∶1,施工前宜进行室内双液配比试验,以确定合适的双液配比。

5.3.2 注浆参数应满足下列规定:

1 单次注浆长度:一般单次注浆长度范围为隧道底标高至以上 5 m,单次注浆长度宜根据注浆情况、注浆效果和监测数据等确定。

2 单次注浆量:应根据所设计的注浆加固体体积掺入比确定单次注浆量。

3 注浆流量:应根据设计双液浆配比及喷浆孔孔径、布置,双液浆流量宜为 20 L/min,其中水泥浆泵流量宜为 14 L/min～16 L/min,水玻璃泵流量宜为 4 L/min～6 L/min。

4 拔管速度：拔管速度应根据双液浆流量、单次注浆量、单次注浆长度，按下式确定：

$$v=\frac{lq}{V} \tag{5.3.2}$$

式中：v——拔管速度(cm/min)；

l——单次注浆长度(cm)；

V——单次注浆量(L)；

q——双液浆流量(L/min)。

5.3.3 注浆顺序应符合下列规定：

1 纵向顺序：应根据隧道收敛线型跳孔注浆，跳孔间隔距离不少于 5 个孔位，相邻孔位注浆时间间隔不得少于 24 h。

2 竖向顺序：应采取“由下而上，依次搭接”的方式。

3 侧向顺序：应从隧道两侧由外向内跳孔注浆。

4 应实施注浆试验段，根据监测数据优化调整注浆顺序、孔位和次数。

5.3.4 开孔应符合下列规定：

1 孔位：注浆孔位应按照设计位置进行地面测量放样，并明确各注浆孔下管深度，孔位布置应考虑钻孔垂直度偏差，避让隧道结构及周围管线等地下障碍物。

2 导孔：宜采用扰动小、钻孔速度快、成孔效果好的钻孔设备钻取导孔，导孔钻取深度应根据地质条件、隧道埋深及注浆施工情况确定，导孔深度宜为 5 m～8 m。

5.3.5 加固体应符合下列规定：

1 体积掺入比：体积掺入比应控制在 15%～40%。

2 加固效果：注浆加固施工结束后，隧道收敛线型、结构稳定性应优于注浆施工前，隧道结构水平收敛相对变形量应满足设计要求。

5.3.6 设备工具应符合下列规定：

1 水泥浆泵、水玻璃泵宜同时满足注浆良好可控性、流量稳定和能够连续均匀输送浆体的要求，泵体应体积小、重量轻。

2 喷浆孔分布均匀，下管过程中应有可靠措施保证喷浆口防堵件能够完全脱开，并暴露喷浆孔，使浆液能够均匀喷出。

3 混合器应外接压力表及时反映双液浆压力，保持混合器内和各管路无残留凝结浆体，以保证进出浆液通畅且混合均匀。

4 拔管器各部件应具有足够的刚度，确保拔管时的抬升方向与注浆管的方向保持一致并能够按规定速度均匀地起拔注浆管。

5 下管器应能提供一定的功率，在下钻或振动下沉过程中能够克服注浆管周围土体的阻力，并较好地控制对注浆管周围土体的扰动。

6 计量仪器应能够实时、准确地显示和记录浆液的流量和注浆量。

7 注浆管宜采用外径 ϕ32 mm、壁厚 6 mm 的注浆管，确保在反复压拔过程中保持良好的顺直度。

8 注浆泵和混合器的压力表应保证完好，能够及时、准确地反映注浆压力。

9 水泥浆搅拌器应安装滤网，保证拌制的浆液均匀、无水泥结块。

10 阀门应保证密封不漏，使用前宜做密水试验。

11 供电开关应安装漏电保护器，避免注浆施工中发生漏电事故。

5.3.7 单孔单次注浆应包括钻取导孔、打设注浆管、拌制和运输浆液、拔管注浆和拔出注浆管等工序。应符合下列规定：

1 钻取导孔：利用钻孔设备进行导孔钻取，便于注浆管打设，导孔应保持垂直度和钻孔深度。

2 打设注浆管：下管过程注意垂直度和下管深度，且每次注浆前应核实本次注浆深度及浆管长度。

3 拌制和运输浆液：浆液的拌制和运输应满足施工持续要求，

且在运输过程中保证不产生任何导致浆液不适合注浆的情况。

4 拔管注浆：注浆过程中保持各项操作的施工协调一致性，按设计参数要求均匀注浆匀速拔管或均匀注浆分小段拔管，当满足以下条件之一时，终止注浆。

1）注浆量达到单次注浆的要求；

2）单次注浆收敛变形超过报警值；

3）注浆压力应根据实际地层水土压力确定，一般超过 1.0 MPa，或进浆困难；

4）其他异常现象。

5 拔出注浆管：注浆结束后，关闭注浆管阀门，将混合器拆除，等待一段时间后（约 10 min～20 min）将注浆管拔出。

5.4 隧道内部注浆加固

5.4.1 注浆参数应符合下列规定：

1 单次注浆长度宜取 20 cm～25 cm，单次注浆长度宜根据注浆情况、注浆效果和监测数据等确定。

2 应根据所设计的注浆加固体体积掺入比确定单次注浆量。

3 注浆流量与拔管速度应符合本标准第 5.3.2 条的规定。

4 同孔注浆间隔时间宜取 48 h，如有特殊情况需要补浆可另行考虑。

5.4.2 注浆顺序应符合下列规定：

1 隧道纵向注浆顺序应根据隧道沉降线型考虑，当次注浆宜跳环进行，宜 2 环 1 跳。

2 单孔竖向注浆顺序可分为“由深入浅，依次搭接”以及“由浅入深，依次搭接”两种。对于差异沉降较大且存在继续恶化趋势的隧道，应采用“由深入浅，依次搭接”的注浆顺序。

5.4.3 开孔应符合设计并满足下列要求：

1 应优先选择衬砌管片结构原预留注浆孔进行开孔，若原注浆孔无法使用应考虑开孔，孔位宜根据管片及道床配筋图加以确定，孔位应满足限界要求，应避开管片受力筋、管片环纵缝、管片螺栓、手孔、管片预埋件、轨枕、道床排流筋、钢轨及扣件，应避开构造筋。

2 注浆孔构造可由孔口管与球阀组成，孔口管与管片连接必须满足强度与防喷要求。

3 注浆施工一次开孔工艺应符合下列要求：

1）道床和管片上开孔宜分为放样、一次钻孔、安装孔口管、安装球阀和二次钻孔。

2）应根据设计孔位进行精确放样，孔位放样误差宜不大于 5 mm。

3）一次钻孔宜采用水钻技术，孔径宜为 62 mm，操作过程保持开孔的垂直度，垂直度误差宜不大于 0.5%，不得钻穿管片，开孔后应保留约 7 cm～10 cm 厚度的管片结构。

4）成孔后，应先进行清理烘干，再灌入粘结剂，将孔口管与管片粘结，粘结剂应充满孔与孔口管之间的空隙。孔口管外径宜为 57 mm，内径宜为 45 mm。

5）安装后的孔口管与孔壁粘结力应大于隧道埋深处水土压力，宜进行试件抗拔试验确认。

6）球阀内径宜为 40 mm，安装前对球阀的密水性进行试验。将球阀与孔口管连接，球阀上应安装防喷装置。

4 注浆施工二次开孔工艺应符合下列要求：

1）孔口管与管片粘结强度达到设计要求后，再进行二次开孔，钻穿管壁，完成开孔工作。

2）二次开孔采用干钻技术，开孔孔径宜为 35 mm，略大于注浆管外径即可。

5.4.4 单孔单次注浆包括拌制和运输浆液、压管、拔管注浆和拔出注浆管，应符合本标准第 5.3.7 条的规定，防喷装置应在注浆前安装在注浆孔球阀上。

5.4.5 封孔应符合下列要求：

1 完成注浆施工后，如以后不再利用该注浆孔，应进行封孔，避免水土从注浆孔内流出。

2 封孔前进行管片外部最后一次注浆，浆液应尽量填充管片和之前加固体之间的空隙。

3 封孔在管片部位和道床部位宜采取不同性能材料填充，管片部位的注浆孔采用刚性环氧填充，道床部位的注浆孔宜采用硫铝酸盐水泥填充。

4 注浆孔填充后应做好密封处理，宜采用钢管堵或外覆钢板。

6 隧道渗漏处理

6.1 一般规定

6.1.1 隧道渗漏处理施工程序应包含界面处理、手孔封堵、注浆堵漏和隧道嵌缝等工序。

6.1.2 施工前应进行现场调研和明确渗漏情况，针对不同渗漏情况采用不同的施工方法进行处理，隧道渗漏处理可按照现行行业标准《地下工程渗漏治理技术规程》JGJ/T 212 执行。

6.1.3 盾构隧道结构渗漏处理宜选用油溶性聚氨酯浆液、环氧浆液、丙烯酸盐浆液等注浆材料。

6.2 材 料

6.2.1 注浆堵漏所用油溶性聚氨酯的技术要求和试验方法应符合现行行业标准《聚氨酯灌浆材料》JC/T 2041 的要求，性能指标可照表 6.2.1 的要求。

表 6.2.1 油溶性聚氨酯性能指标

序号	项目	指标要求
1	密度(g/cm^3)	≥1.05
2	粘度(mPa·s)	≤1.0×10^3
3	凝固时间(s)	≤800
4	不挥发物含量(%)	≥78
5	发泡率(%)	≥1 000

6.2.2 环氧树脂灌浆材料应符合现行行业标准《混凝土裂缝用环氧

树脂灌浆材料》JC/T 1041 的要求，弹性环氧树脂可照表 6.2.2-1 的要求，刚性环氧树脂可照表 6.2.2-2 的要求。

表 6.2.2-1 弹性环氧树脂灌浆材料性能指标

序号	项目		指标
1	VOC(g/L)		<100
2	25 ℃粘度（mPa·s)		<400
3	粘结强度	干粘接(MPa)	≥1.5
		湿粘接(MPa)	≥1.0
4	延伸率(%)		≥80

注：固化物性能的测定试龄期为 28 d。

表 6.2.2-2 刚性环氧树脂灌浆材料性能指标

序号	项目		指标
1	固含量(%)		≥90
2	浆液密度（g/cm^3）		>1.00
3	初始粘度（mPa·s)		<200
4	可操作时间(min)		>30
5	固化性能		Ⅱ
6	抗压强度(MPa)		≥70
7	拉伸抗剪强度(MPa)		≥8.0
8	抗拉强度(MPa)		≥15
9	粘结强度	干粘接(MPa)	≥4.0
		湿粘接(MPa)	≥2.5
10	抗渗压力(MPa)		≥1.2
11	渗透压力比(%)		≥400

注：固化物性能的测定试龄期为 28 d。

6.2.3 丙烯酸盐或聚丙烯类应符合现行行业标准《丙烯酸盐灌浆材料》JC/T 2037 的要求，可照表 6.2.3 的要求。

表 6.2.3 丙烯酸盐或聚丙烯类注浆材料性能指标

序号	项目	技术要求	
1	外观	不含颗粒的均质液体	
2	密度(g/cm^3)	生产厂控制值±0.05	
3	粘度(mPa·s)	≤10	
4	pH 值	6.0～9.0	
5	凝胶时间(s)	报告实测值	
项目		固化物性能	
		Ⅰ型	Ⅱ型
6	渗透系数(cm/s)	$<1.0\times10^{-6}$	$<1.0\times10^{-7}$
7	固砂体抗压强度(kPa)	≥200	≥400
8	抗挤出破坏比降	≥300	≥600
9	遇水膨胀率(%)	30	

注:生产厂控制值应在产品包装与说明书中明示用户。

6.3 渗漏治理

6.3.1 管片壁后注浆的注浆压力不宜超过 0.3 MPa～0.5 MPa,具体应根据隧道埋深、地质条件确定。每孔注浆量宜控制在 30 L～50 L,注浆量可根据管片壁后注浆现场情况、设计要求进行调整。工艺应符合下列要求:

1 打开原注浆闷头,安装球阀和变丝。

2 击穿管片注浆层,安装外接头,接注浆管路,连接注浆泵。

3 注入配置好的聚氨酯浆液。

4 注浆结束待聚氨酯发泡稳定后,拆除外接头和球阀,清理注浆孔。

5 用微膨胀水泥进行封孔,并加盖铁闷头以替换原闷头。

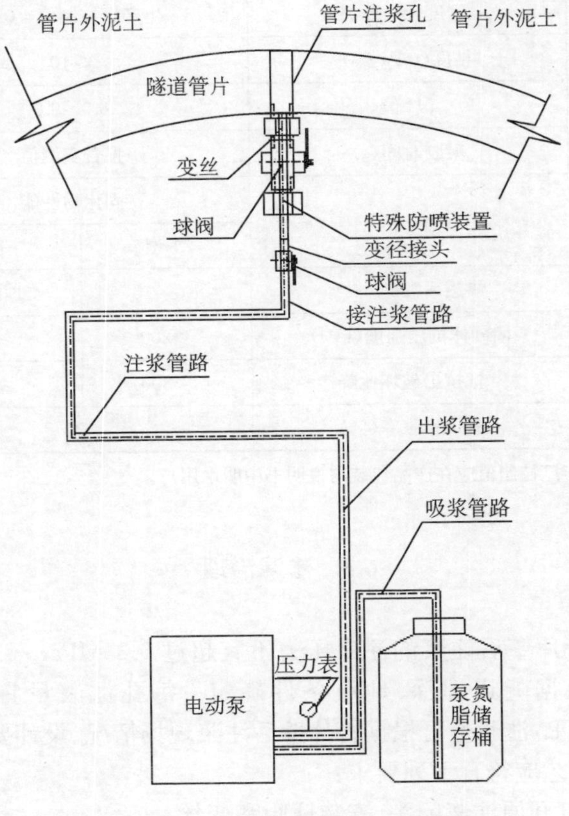

图 6.3.1　管片壁后注浆示意图

6.3.2　骑缝注浆工艺应符合下列要求：

1　清理管片裂缝。

2　采用针眼法方式将注浆嘴插入裂缝骑缝位置。

3　将化学浆液通过注浆嘴压入裂缝内。

4　待注浆完成后，采用环氧胶泥涂刷密封裂缝。

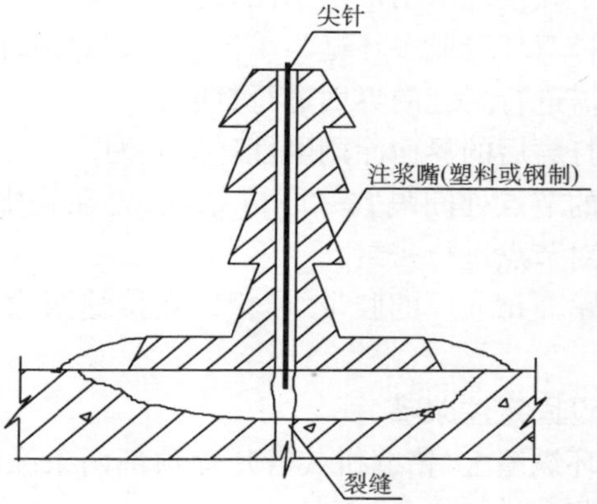

图 6.3.2　骑缝注浆示意图

6.3.3　管片接缝注浆工艺应符合下列要求：

1　清理管片接缝嵌缝槽。

2　采用针眼法方式将注浆嘴插入裂缝接缝位置。

3　将化学浆液通过注浆嘴压入裂缝内。

4　待注浆完成后，采用环氧胶泥涂刷密封接缝。

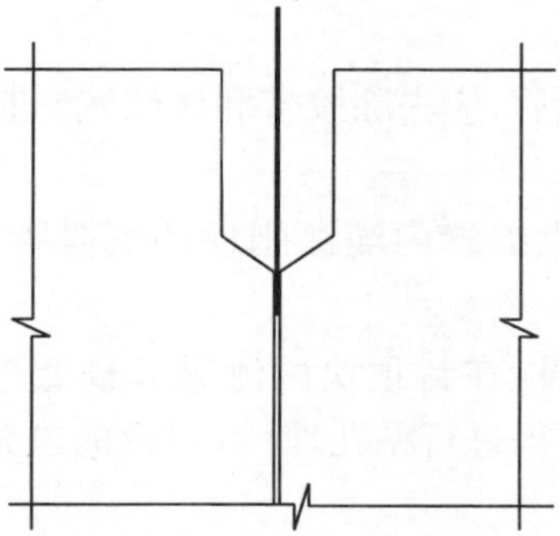

图 6.3.3　管片接缝注浆示意图

6.3.4 管片环纵缝缝内灌注弹性环氧树脂，工艺应符合下列规定：

1 应对手孔接缝采用快干水泥裱糊密封。

2 可选择双环缝或多环缝为单位进行隔断密封灌浆。

3 应对需进行封缝的界面进行打磨。

4 应对打磨后的界面涂刷刚性环氧底油。

5 选取的节点处间隔宜 20 cm 钻孔，再在孔中挤压弹性环氧胶泥，最后对节点进行密封。

6 应粘贴 3 mm 厚的胶带“模板”，在接缝两边各贴 1 根，间隔 7 cm。

7 应预设固定注浆嘴。

8 可在环纵缝上(错缝拼装管片除顶部两条纵缝外)埋设注浆嘴，用于灌浆和排气。

9 可采用弹性环氧胶泥对管片接缝表面进行批刮封缝。

10 应进行节点压水检验。如不合格，应补做节点，并重新埋设注浆嘴进行检验，直至节点合格。不合格不得实施后续注浆步骤。

11 灌浆应采用电动泵由下至上、由低到高进行注浆，直至上一注浆孔出浆，对下部注浆孔进行封闭，再以上部出浆孔作为注浆孔继续灌浆，依次直至顶部的排气口出浆，使浆液充填整个管片接缝。

12 注浆结束后，应去除胶带和注浆嘴，进行封闭，再清理现场废弃物。

6.3.5 管片顶部纵缝缝内灌注刚性环氧树脂，工艺应符合下列规定：

1 注浆管埋设：在封顶块两侧纵缝较低一端埋设 2 根进浆管。进浆管埋设不得进行钻孔埋设，埋设的进浆管略穿过封缝胶泥即可。

2 排气孔埋设：在封顶块两侧纵缝较高一端埋设 2 根排气管。排气管采用铝管，埋设的排气管尽可能深入到封顶块的内部。

3 灌浆:采用电动泵由低到高进行注浆,直至上一排气孔出浆,对下部注浆孔进行封闭,再以下一环进浆管作为注浆孔继续灌浆,依次直至最后一环顶部的排气口出浆,使浆液充填整环管片纵缝。

4 清理:注浆结束后,去除胶带和注浆嘴,进行封闭,再清理现场废弃物。

5 其他工序应与本标准第 6.3.4 条的规定一致。

6.3.6 通缝管片隧道应在单环封顶块两侧纵缝内灌注刚性环氧树脂,其他环纵缝内灌注弹性环氧树脂。

6.3.7 错缝拼装管片隧道应在环纵缝内灌注弹性环氧树脂,弹性环氧树脂材料性能应满足本标准表 6.2.2-1 的规定。

7 隧道结构处理

7.1 一般规定

7.1.1 在隧道结构处理前应先实施隧道渗漏处理。

7.1.2 对于运营地铁盾构隧道，施工作业时间短，结构处理应满足运营要求，不得影响地铁运营。

7.2 材 料

7.2.1 弹性环氧树脂性能指标应照表 6.2.2-1 选择。

7.2.2 弹性环氧胶泥性能指标应照表 7.2.2 选择。

表 7.2.2 弹性环氧胶泥性能指标

<table>
<tr><th>序号</th><th colspan="2">项目</th><th>指标</th></tr>
<tr><td>1</td><td colspan="2">下垂度(垂直)(mm)</td><td>≤2</td></tr>
<tr><td>2</td><td colspan="2">延伸率(%)</td><td>≥80</td></tr>
<tr><td>3</td><td rowspan="2">粘结强度(MPa)</td><td>与干混凝土粘接</td><td>>2.0</td></tr>
<tr><td>4</td><td>与湿混凝土粘接</td><td>>1.5</td></tr>
<tr><td>5</td><td colspan="2">硬度(邵氏 A)</td><td>>30</td></tr>
</table>

检验依据：现行国家标准《聚合物水泥防水涂料》GB/T 23445、现行行业标准《混凝土裂缝用环氧树脂灌浆材料》JC/T 1041。

7.2.3 纤维织物性能指标应照表 7.2.3 选择。

表 7.2.3　纤维织物性能指标

序号	项目	指标
1	抗拉强度(MPa)	≥2 000
2	弹性模量(GPa)	≥110
3	延伸率(%)	≥1.8

检验依据:现行国家标准《定向纤维增强聚合物基复合材料拉伸性能试验方法》GB/T 3354。

7.2.4　粘结剂性能指标应照表 7.2.4 选择。

表 7.2.4　粘结剂性能指标

序号	项目	指标
1	抗拉强度(MPa)	≥30
2	抗弯强度(MPa)	≥40
3	张拉剪切强度(MPa)	≥10
4	粘结强度(MPa)	≥2.74
5	力学性能指标应在 80 ℃高温下不衰减	

检验依据:现行国家标准《定向纤维增强聚合物基复合材料拉伸性能试验方法》GB/T 3354。

7.2.5　刚性环氧树脂性能指标宜与本标准第 6.2.2 条的规定一致。

7.3　管片破损修补

7.3.1　破损小于 0.05 m^2 的部位,应先对破损部位进行修整,再用快速修补砂浆水泥进行填补。

7.3.2　破损大于 0.05 m^2 的部位,为防止修补的部位脱落,应增强修补材料与管片的粘结性。其工艺应符合下列规定:

1　应查明结构破损情况,清理管片破损部位。

2 管片破损表面部位应修整成规整形状。

3 如破损部位较大，可沿修整规整后破损部位全周安装注浆管。

4 应用修补材料填补破损部位，并修整成管片外形。

5 待修补材料达到设计强度后，可通过预留注浆管灌注刚性环氧树脂。

7.3.3 管片修补前，应将破损基面的尘土等杂质清理干净，不得有残留杂物。

7.3.4 现场施工中，当环境温度低于 0 ℃且混凝土修补表面湿度大于 70％时，应停止修补作业。

7.3.5 现场粘结剂不得混入碎块、灰尘等杂物。

7.3.6 结构粘结剂应按设计要求或产品说明书规定配置，搅拌时间应符合设计要求或产品说明书规定。

7.3.7 结构粘结剂搅拌后应在 5 min 内完成嵌填，结构粘结剂应填实管片破损孔洞等空隙。

7.3.8 对于长度、宽度和深度分别大于 100 mm、100 mm 和 50 mm 的管片破损部位，修补工艺应增设植筋措施。植筋应符合现行国家标准《混凝土结构加固设计规范》GB 50367 的要求。

7.3.9 修补完成后，应对管片表面进行清理，不应有树脂浆液等杂物残留，并对修复部位做好标记和养护。

7.3.10 植筋和钢丝网的位置允许偏差宜小于 50 mm，钢丝网的尺寸允许偏差宜小于 20 mm，每块网片应不少于 3 个固定点。

7.4 道床处理

7.4.1 应在道床脱空处采用高渗透亲水性环氧系灌浆材料，应对道床与管片之间的空隙进行填充。

7.4.2 在道床两轨道间宜布设 3 排注浆孔。

7.4.3 钻孔操作人员应严格控制钻孔深度，以钻至管片面确定孔深，加强施工人员钻孔安全培训，钻孔时应在孔边做好记录标志和钻头深度标记，不得影响隧道结构安全。

7.4.4 采用早强水泥封孔埋管时，管口高度不得高于轨道。

7.4.5 待早强水泥凝固后，可按孔序进行化学注浆。

7.4.6 可对注浆孔进行2次以上或多次重复注浆，可使浆液最大限度充填固结，保证轨道几何形位、平整度以及道床灌注密实度的要求。

7.4.7 道床注浆施工过程中若发现水沟预埋管出现冒浆，应及时将管口封闭，确保浆液继续沿道床方向充填，保证施工质量。

7.4.8 应按照设计要求的注浆孔位、钻孔深度、注浆顺序以及注浆量等进行注浆；如发生不符合设计的情况，应停止注浆。

7.5 纤维织物粘贴

7.5.1 纤维织物加固施工可按图7.5.1的工序进行。

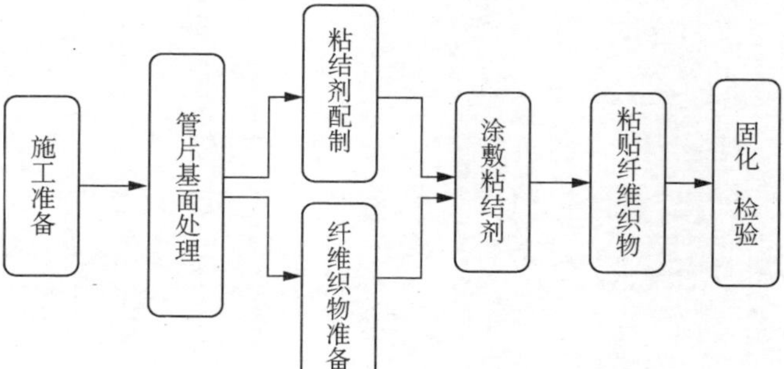

图7.5.1 纤维织物加固施工工序图

7.5.2 应按施工图进行加固部位的现场定位放样。

7.5.3 采用磨光机对加固部位表面打磨，应先清除表面的浮浆、油污等所有杂质，再除去表面1 mm厚的砂浆层。

7.5.4 应按设计要求核查加固用纤维织物的规格、长度、宽度和厚度。

7.5.5 应充分考虑隧道环境温度对纤维织物粘结剂固化效果的影响，应按固化剂产品说明书进行制备，且不得添加其他溶剂。

7.5.6 应将制备的粘结剂均匀涂刷于加固部位表面，及时贴敷纤维织物，并在固化前做好防护措施。各块纤维织物之间应确保有效搭接。

8 隧道钢内衬加固

8.1 一般规定

8.1.1 盾构隧道采用钢内衬加固前，应先进行隧道地基加固、隧道渗漏处理、隧道结构处理以及修正填平管片错台部位。

8.1.2 钢内衬分块原则应考虑隧道内管线分布、大小、重量、加工、运输、安装可操作性等因素，且分块接缝位置不能与管片的纵缝重合。

8.1.3 每天施工时间内安装好的钢内衬应固定牢固，每块钢内衬板应不少于 6 支膨胀锚栓固定，钢内衬环板与环板之间应点焊，防止松动。

8.1.4 钢内衬施工程序应符合下列规定：

1 隧道内钢板拼装机械手平板车就位。

2 管线改排、支架迁移。

3 道床切割及凿除。

4 钢内衬尺寸测量放样与制作。

5 混凝土管片表面清理、打磨。

6 钢牛腿安装。

7 钢环板安装。

8 钢拉板安装。

9 钢内衬封边。

10 钢内衬壁后环氧填充。

11 钢内衬防腐处理。

12 道床恢复。

13 管线恢复。

钢内衬施工工艺流程可按图 8.1.4 实施。

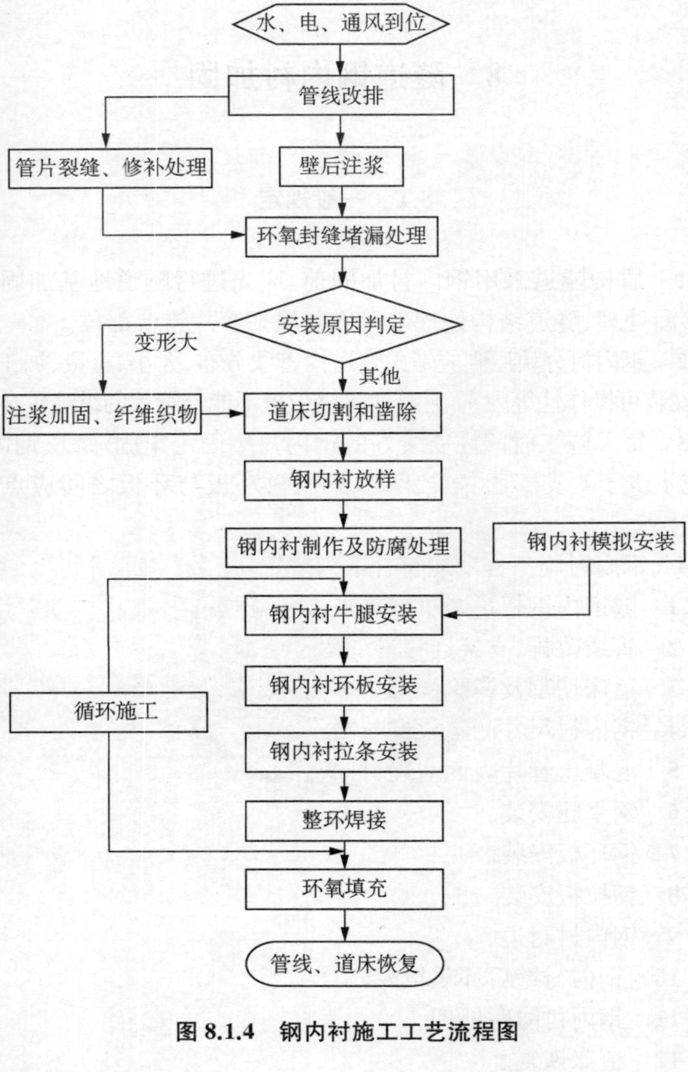

图 8.1.4　钢内衬施工工艺流程图

8.1.5　钢内衬制作与安装的施工过程应符合下列规定：

1　钢内衬钢板的材质宜选用 Q235B 或 Q345B，钢板厚度宜分 16 mm、20 mm、30 mm 三种，宽度则根据加固混凝土管片的宽度而定，以覆盖混凝土管片上的两侧手孔为宜，可分 850 mm、900 mm、1 000 mm、1 100 mm、1 200 mm 五种。

2 钢内衬安装应在隧道地基注浆加固、渗漏处理、隧道环和纵向结构变形稳定后开始实施。

3 对于运营隧道，施工前必须对隧道内的各种管线进行改排并迁移支架，满足钢内衬安装施工需求。加固完成后不得影响后续管线的复位。

4 对于运营隧道，必须严格把控利用晚间地铁停运时间施工，并与地铁运营时间衔接。

5 加固完成后，应进行管线复位。

8.2 材 料

8.2.1 刚性环氧树脂性能指标与本标准第 6.2.2 条规定一致，弹性环氧树脂性能指标与本标准第 7.2.1 条规定一致。

8.2.2 钢内衬防腐采用喷涂型聚脲弹性体涂层，其材料性能指标应照表 8.2.2 选择，检测依据应符合现行国家标准《喷涂聚脲防水涂料》GB/T 23446 的要求。

表 8.2.2 喷涂型聚脲弹性体的性能指标

序号	项目	技术指标
1	固体含量(%)	≥98
2	凝胶时间(s)	≤45
3	表干时间(s)	≤120
4	拉伸强度(MPa)	≥16
5	断裂伸长率(%)	≥450
6	撕裂强度(N/mm)	≥50

续表8.2.2

序号	项目		技术指标
7	低温弯折性(℃)		≤−40
8	不透水性		0.4 MPa,2 h 不透水
9	加热伸缩率(%)	伸长	≤1.0
		收缩	≤1.0
10	粘结强度(MPa)		≥2.5
11	吸水率(%)		≤5.0
12	定伸时老化	加热老化	无裂纹及变形
		人工气候老化	无裂纹及变形
13	热处理	拉伸强度保持率(%)	80～150
		断裂伸长率(%)	≥400
		低温弯折性(℃)	≤−35
14	人工气候老化[a]	拉伸强度保持率(%)	80～150
		断裂伸长率(%)	≥400
		低温弯折性(℃)	≤−35
15	硬度[b](邵 A)		≥80
16	耐磨性[b][(750 g/500 r)/mg]		≤30
17	耐冲击性[b](kg·m)		≥1.0

a 用于长期外露使用人工气候老化累计辐照能量至少为 3 150 MJ/m^2(约 1 512 h),否则需要表面加保护层。

b 仅对通行用途时,或根据工程和用户要求时测定。

8.3 钢内衬制作与加工

8.3.1 钢内衬尺寸应按设计图纸,并结合现场实测、放样,确定各环、块制作尺寸,保证钢内衬与管片内壁的贴合。

8.3.2 单块钢环板加工、制作,应按设计图纸要求控制精度;运输至现场后，应复核精度，并做好喷砂除锈和防腐处理。

8.3.3 每块钢环板应进行明显统一的标示，便于区分。

8.3.4 预留孔位宜进行现场放样，并在出厂前完成钻孔工作，布孔数量可适当大于设计要求的数量。

8.4 钢内衬安装

8.4.1 针对隧道结构完工后运营前的加固，宜提前考虑管线安装位置。若道床没有浇筑，可采用无牛腿的整环钢环加固。

8.4.2 应模拟运营隧道工况条件，实施钢内衬安装训练。

8.4.3 对于钢内衬施工区域范围内的管线应进行临时改排，管线支架应进行迁移，各管线改排后总高度应不大于 70 cm，各管线与混凝土管片的垂直距离应不小于 15 cm。

8.4.4 应对施工范围内的管片进行打磨清理，要求管片弧度平整、无渗漏水。

8.4.5 应按设计要求切割凿除道床两侧的部分混凝土，深度宜垂直至管片面，道床侧面与钢内衬牛腿接触面应进行凿毛处理。

8.4.6 钢内衬牛腿安装可利用平板车上的悬臂梁，先采用膨胀螺栓进行固定，后续在其他预留孔内植入化学锚栓永久固定。

8.4.7 钢内衬环板安装工艺应符合下列规定：

1 利用机械手臂进行环形钢板安装，相邻两块应上下对接紧密，前后两端对齐，错边不大于 2 mm。

2 钢板就位后应采用膨胀螺栓锚固，膨胀螺栓技术指标应符合设计要求。利用钢内衬环板预留孔，设置 M16 膨胀螺栓锚固，有效锚固深度宜大于 100 mm。若打孔过程中碰到混凝土管片内钢筋，应更换其他孔位。

3 应在剩余的预留孔位植入化学锚栓，化学锚栓技术指标应符合设计要求。

4 钢内衬环板上应预留出混凝土管片注浆孔的位置。为方便施工，预留孔可呈椭圆状，即左右横径为 110 mm，上下竖径为 130 mm。

5 安装钢内衬拉条时，不得影响地铁运营。钢内衬拉条中间断开后，应从钢轨底部穿过，再进行焊接，钢内衬拉条尺寸宽×厚宜取 100 mm×20 mm，长度应以现场测量为准。

8.4.8 整环焊接工艺应符合下列规定：

1 采用 CO_2 气体保护焊进行焊接。

2 钢内衬安装过程中，可先将钢内衬块与块之间进行点焊，再陆续进行整环焊接。

3 钢内衬之间进行整体的焊接，以保证钢内衬形成一个良好的受力整体，起到对隧道加固作用。

4 焊缝质量等级按照二级标准执行，在施工结束后进行探伤检测，要求达到二级质量标准。

8.5 间隙环氧充填

8.5.1 压注前准备工作应符合下列要求：

1 钢内衬安装完成后，钢板弧度两侧与管片接缝处采用快干水泥结合环氧胶泥进行封堵；若有钢内衬拉条，则同样进行封堵。

2 钢内衬的膨胀锚栓和化学锚栓应用快干水泥进行封堵。

3 环氧填充宜分成 5 层压注，每层高度约 1 m，根据分层情况预埋足够数量的注浆孔，兼作排气孔。

8.5.2 应利用移动平板搭设活动作业平台，采用小型电动注浆泵压注环氧树脂。

8.5.3 压注顺序宜自下而上分层压注，直至顶部预留孔溢出树脂后停止压注，注浆压力不大于 0.5 MPa。

8.6 防腐处理

8.6.1 钢内衬表面在安装前应采用喷涂型聚脲弹性体涂层做防腐处理，每块钢内衬接缝两端焊缝处宜预留 5 cm 焊缝位置。

8.6.2 在焊接及环氧填充施工结束后，应对钢板表面再次进行整环的防腐聚脲喷涂，以确保整体防腐性。

8.6.3 涂层应厚度均匀，分两层进行喷涂，总厚度不宜少于 1.2 mm。

8.6.4 检查及验收应符合表 8.2.2 的性能指标。

9 测量与监测

9.1 一般规定

9.1.1 衬砌加固施工应对隧道位移及变形和地面环境进行全过程监测，发现异常情况及时采取合理应对措施。

9.1.2 监测点的布置可以利用地铁隧道既有监测点，并可根据实际需求增设监测点。

9.1.3 监测应能全面、及时反映施工对隧道的影响，反馈指导施工。

9.1.4 施工前应编制测量和监测专项施工方案，应说明项目、范围、频率以及基准点位置等内容。

9.2 施工测量

9.2.1 隧道地基加固施工前，应在地面实施测量放样，明确对应的隧道位置关系。

9.2.2 隧道钢内衬加固前应进行现场测量放样，确定每环、每块钢环板的制作尺寸，以保证钢内衬与管片内壁的贴合。

9.3 施工监测

9.3.1 施工监测范围宜包含作业范围内隧道及前后 5 环的区域。

9.3.2 施工监测应包含下列内容：

1 隧道水平位移。

2 隧道垂直位移。

3 隧道收敛变化。

4 周边环境监测。

9.3.3 监测点布设应符合表9.3.3的要求。

表9.3.3 监测点布设说明

监测项目	布置原则
隧道垂直位移及水平位移监测	每环上布置3个监测点，1个布设在隧道底部位置；2个布设在隧道的腰部中心位置
隧道收敛变形监测	每环上布置2个固定收敛监测点，布设在3点钟和9点钟位置

注：实际监测点布设可根据实际施工情况及施工单位要求及时进行调整。

9.3.4 地面注浆加固施工期间的隧道影响控制标准应符合表9.3.4的要求。

表9.3.4 地面注浆加固施工影响控制

监测项目		监测频率	报警值（mm）	备注
隧道收敛变形	施工影响的复测	注浆前后	−5.0	报警值指前后两次测量差值
	跟踪监测	实时监测	±5.0	监测影响范围内测点
水平位移		视情况	±5.0	监测影响范围内测点
垂直位移		视情况	±5.0	监测影响范围内测点

9.3.5 隧道内部注浆加固施工期间的隧道影响控制标准应符合表9.3.5的要求。

表9.3.5 隧道内部注浆加固施工影响控制

监测项目		监测频率	报警值（mm）	备注
垂直位移	施工影响的复测	注浆前后	−5.0	报警值指前后两次测量差值
	跟踪监测	实时监测	±5.0	监测跟踪测点
水平位移		视情况	±5.0	监测影响范围内测点

续表9.3.5

监测项目	监测频率	报警值（mm）	备注
管片收敛	视情况	5.0	监测影响范围内测点
接缝张开		5.0	监测影响范围内接缝

9.3.6 隧道衬砌加固部位的周边环境监测应符合现行国家标准《城市轨道交通工程监测技术规范》GB 50911 的要求。

10 施工检验

10.0.1 衬砌加固所用原材料必须符合设计文件和有关规范的规定，分批次检查原材料生产许可证、质量保证书及复验报告等。

10.0.2 衬砌加固质量检验应符合现行上海市工程建设规范《地铁盾构法隧道修复加固工程施工质量验收规范》DG/TJ 08—2231 的要求。

10.0.3 水泥、水玻璃用量应进行抽检，应采用比重计对水泥浆液比重进行检查。

10.0.4 施工前应制作试块进行试验，注浆效果检验应在注浆结束 28 天后进行，应对注浆深度进行抽检。

10.0.5 注浆质量验收最终应以隧道收敛线型及收敛变形量情况为准，隧道水平收敛变形应符合设计要求。

10.0.6 当次注浆结束后，宜对注浆影响范围内的隧道结构渗漏水及结构损伤进行检查，了解注浆施工对隧道结构使用状况的影响。

10.0.7 注浆加固效果应以隧道位移线型控制及变化速率为准，应符合设计要求。如设计无要求时，位移控制值标准可为持续 2 次每半个月不大于 0.5 mm。

10.0.8 隧道渗漏处理施工质量应满足二级防水等级要求，并应符合现行国家标准《地下防水工程质量验收规范》GB 50208 的有关规定。

10.0.9 管片修补后不应出现明显突出或不平整情况；若出现不符合要求情况，应进行再次修补处理，并重新检查验收。

10.0.10 纤维织物与管片之间的粘结质量宜用锤击法或其他有效探测法进行检查。根据检查结果确认的总有效粘结面积不应小于总粘结面积的 95%。

10.0.11 钢内衬加固工程完成后，隧道内空间尺寸必须满足设计要求。

10.0.12 膨胀螺栓和化学锚栓露出钢内衬的长度不应大于 30 mm，且不应超出运营限界。

附录 A 地铁盾构法隧道衬砌加固施工过程质量控制表式清单

A.0.1 地铁隧道注浆整治指令表可按照表 A.0.1 制作。

表 A.0.1 地铁隧道注浆整治指令表

<table>
<tr><td>工程名称</td><td colspan="5"></td></tr>
<tr><td>作业区间</td><td colspan="5"></td></tr>
<tr><td>作业日期</td><td colspan="5"></td></tr>
<tr><td>作业类型</td><td colspan="4">作业内容</td><td>备注</td></tr>
<tr><td rowspan="8">拔管注浆</td><td>注浆孔号</td><td colspan="2">拔管深度范围</td><td>控制指标</td><td rowspan="8"></td></tr>
<tr><td></td><td colspan="2"></td><td></td></tr>
<tr><td></td><td colspan="2"></td><td></td></tr>
<tr><td></td><td colspan="2"></td><td></td></tr>
<tr><td></td><td colspan="2"></td><td></td></tr>
<tr><td></td><td colspan="2"></td><td></td></tr>
<tr><td></td><td colspan="2"></td><td></td></tr>
<tr><td></td><td colspan="2"></td><td></td></tr>
<tr><td rowspan="7">跟踪测量</td><td>线路</td><td>测量范围</td><td>测量项目</td><td>测量频率</td><td rowspan="7"></td></tr>
<tr><td rowspan="3"></td><td></td><td></td><td></td></tr>
<tr><td></td><td></td><td></td></tr>
<tr><td></td><td></td><td></td></tr>
<tr><td rowspan="3"></td><td></td><td></td><td></td></tr>
<tr><td></td><td></td><td></td></tr>
<tr><td></td><td></td><td></td></tr>
<tr><td rowspan="2">结构检查</td><td colspan="2">检查范围</td><td colspan="2">检查要点</td><td rowspan="2"></td></tr>
<tr><td colspan="2"></td><td colspan="2"></td></tr>
<tr><td>其他</td><td colspan="4"></td><td></td></tr>
</table>

签发人： 接收人：

A.0.2 地铁隧道内注浆整治现场记录表可照表 A.0.2 制作。

表 A.0.2 地铁隧道内注浆整治现场记录表

工程名称										
作业区间										
作业日期										
孔号	次数	注浆范围		开始时间	结束时间	双液浆压力（MPa）	水泥浆量（L）	水玻璃量（L）	对应测点注浆前后竖向位移（mm）	备注
		起始深度（cm）	拔管长度（cm）							

记录员：

A.0.3 地铁隧道地面注浆整治单孔统计表可照表 A.0.3 制作。

表 A.0.3 地铁隧道地面注浆整治单孔统计表

<table>
<tr><td colspan="4">工程名称</td><td colspan="3"></td><td colspan="3">孔号</td><td colspan="3"></td></tr>
<tr><td colspan="13">孔深：________ 注浆次数：________ 拔管总长：________
设定施工参数：
注浆管直径(内)： 喷浆孔直径： 喷浆孔个数：
水玻璃水泥浆比： 水灰比：</td></tr>
<tr><td rowspan="3">截数</td><td rowspan="3">单截长度(cm)</td><td rowspan="3">注浆日期</td><td rowspan="3">水泥浆比重</td><td colspan="3">平均压力(MPa)</td><td colspan="2">平均流量(L/min)</td><td colspan="4">总量(L)</td></tr>
<tr><td rowspan="2">水泥浆</td><td rowspan="2">水玻璃</td><td rowspan="2">双液浆</td><td rowspan="2">水泥浆</td><td rowspan="2">水玻璃</td><td colspan="2">水泥浆</td><td colspan="2">水玻璃</td></tr>
<tr><td>流量计</td><td>人工</td><td>流量计</td><td>人工</td></tr>
<tr><td>1</td><td></td><td></td><td></td><td></td><td></td><td></td><td></td><td></td><td></td><td></td><td></td><td></td></tr>
<tr><td>2</td><td></td><td></td><td></td><td></td><td></td><td></td><td></td><td></td><td></td><td></td><td></td><td></td></tr>
<tr><td>3</td><td></td><td></td><td></td><td></td><td></td><td></td><td></td><td></td><td></td><td></td><td></td><td></td></tr>
<tr><td>4</td><td></td><td></td><td></td><td></td><td></td><td></td><td></td><td></td><td></td><td></td><td></td><td></td></tr>
<tr><td>5</td><td></td><td></td><td></td><td></td><td></td><td></td><td></td><td></td><td></td><td></td><td></td><td></td></tr>
<tr><td>6</td><td></td><td></td><td></td><td></td><td></td><td></td><td></td><td></td><td></td><td></td><td></td><td></td></tr>
<tr><td>7</td><td></td><td></td><td></td><td></td><td></td><td></td><td></td><td></td><td></td><td></td><td></td><td></td></tr>
<tr><td>8</td><td></td><td></td><td></td><td></td><td></td><td></td><td></td><td></td><td></td><td></td><td></td><td></td></tr>
<tr><td>9</td><td></td><td></td><td></td><td></td><td></td><td></td><td></td><td></td><td></td><td></td><td></td><td></td></tr>
<tr><td>10</td><td></td><td></td><td></td><td></td><td></td><td></td><td></td><td></td><td></td><td></td><td></td><td></td></tr>
<tr><td>11</td><td></td><td></td><td></td><td></td><td></td><td></td><td></td><td></td><td></td><td></td><td></td><td></td></tr>
<tr><td>12</td><td></td><td></td><td></td><td></td><td></td><td></td><td></td><td></td><td></td><td></td><td></td><td></td></tr>
<tr><td>13</td><td></td><td></td><td></td><td></td><td></td><td></td><td></td><td></td><td></td><td></td><td></td><td></td></tr>
<tr><td>14</td><td></td><td></td><td></td><td></td><td></td><td></td><td></td><td></td><td></td><td></td><td></td><td></td></tr>
<tr><td>15</td><td></td><td></td><td></td><td></td><td></td><td></td><td></td><td></td><td></td><td></td><td></td><td></td></tr>
<tr><td>16</td><td></td><td></td><td></td><td></td><td></td><td></td><td></td><td></td><td></td><td></td><td></td><td></td></tr>
<tr><td>17</td><td></td><td></td><td></td><td></td><td></td><td></td><td></td><td></td><td></td><td></td><td></td><td></td></tr>
<tr><td>18</td><td></td><td></td><td></td><td></td><td></td><td></td><td></td><td></td><td></td><td></td><td></td><td></td></tr>
<tr><td>19</td><td></td><td></td><td></td><td></td><td></td><td></td><td></td><td></td><td></td><td></td><td></td><td></td></tr>
<tr><td>20</td><td></td><td></td><td></td><td></td><td></td><td></td><td></td><td></td><td></td><td></td><td></td><td></td></tr>
<tr><td colspan="13">备注：</td></tr>
</table>

A.0.4 地铁隧道钢内衬安装检验表可照表A.0.4制作。

表A.0.4 地铁隧道钢内衬安装检验表

<table>
<tr><td colspan="2">工程名称</td><td colspan="2"></td></tr>
<tr><td colspan="2">作业区间</td><td colspan="2"></td></tr>
<tr><td colspan="2">作业日期</td><td colspan="2"></td></tr>
<tr><td>序号</td><td>类别</td><td>检查项目</td><td>执行情况</td></tr>
<tr><td rowspan="2">1</td><td rowspan="2">纤维织物</td><td>粘贴尺寸、部位达到设计要求</td><td></td></tr>
<tr><td>材料粘贴试验、耐高温试验达到要求</td><td></td></tr>
<tr><td rowspan="2">2</td><td rowspan="2">钢内衬安装</td><td>钢板原材料提供合格质保书，探伤报告达到设计要求</td><td></td></tr>
<tr><td>环氧材料检测合格，填充密实，无空洞</td><td></td></tr>
<tr><td rowspan="4">3</td><td rowspan="4">管线恢复</td><td>管线支架安装在钢环之间的管片空隙位置</td><td></td></tr>
<tr><td>支架上的各家管线（涉及强电、通号、资产、运营）全部按照原样恢复</td><td></td></tr>
<tr><td>触网和接地线按照原来要求进行恢复，消防水管和污水管根据需要恢复到位</td><td></td></tr>
<tr><td>根据需要各类管线固定支架可固定在安装的钢内衬支撑上，满足设计和规范要求</td><td></td></tr>
<tr><td rowspan="2">4</td><td rowspan="2">道床恢复</td><td>钢牛腿内按照设计要求安装排水管</td><td></td></tr>
<tr><td>钢牛腿间的道床、排水沟恢复到原样</td><td></td></tr>
<tr><td>5</td><td>工程资料</td><td>按照归档要求进行竣工资料的编制</td><td></td></tr>
</table>

本标准用词说明

1 为便于在执行本标准条文时区别对待，对要求严格程度不同的用词说明如下：

1）表示很严格，非这样做不可的用词：

正面词采用“必须”；

反面词采用“严禁”。

2）表示严格，在正常情况下均应这样做的用词：

正面词采用“应”；

反面词采用“不应”或“不得”。

3）表示允许稍有选择，在条件许可时首先应这样做的用词：

正面词采用“宜”；

反面词采用“不宜”。

4）表示有选择，在一定条件下可以这样做的用词，采用“可”。

2 条文中指明应按其他有关标准执行时的写法为“应符合……的规定”或“应按……执行”。

引用标准名录

1 《钢结构设计标准》GB 50017
2 《地下工程防水技术规范》GB 50108
3 《地铁设计规范》GB 50157
4 《钢结构工程施工质量验收标准》GB 50205
5 《地下防水工程质量验收规范》GB 50208
6 《地下铁道工程施工及验收规范》GB 50299
7 《混凝土结构加固设计规范》GB 50367
8 《混凝土裂缝用环氧树脂灌浆材料》JC/T 1041
9 《地下工程渗漏治理技术规程》JGJ/T 212
10 《城市轨道交通设计规范》DG/TJ 08—109
11 《地铁盾构法隧道修复加固工程施工质量验收规范》DG/TJ 08—2231
12 《地基处理技术规范》DG/TJ 08—40
13 《聚合物水泥防水涂料》GB/T 23445
14 《喷涂聚脲防水涂料》GB/T 23446
15 《定向纤维增强聚合物基复合材料拉伸性能试验方法》GB/T 3354
16 《城市轨道交通工程监测技术规范》GB 50911
17 《丙烯酸盐灌浆材料》JC/T 2037
18 《聚氨酯灌浆材料》JC/T 2041
19 《施工现场临时用电安全技术规范》JGJ 46

上海市工程建设规范

地铁盾构法隧道衬砌加固技术标准

DG/TJ 08—2388—2021
J 16746—2021

条 文 说 明

2022 上海

目　次

Contents

1 总 则

1.0.1 近年来,随着城市地铁建设和隧道修建技术的快速发展,城市地铁隧道中超过 60%的隧道结构施工采用盾构法修建。本标准是针对盾构法修建的隧道结构在运营后发生的病害或损坏进行修复加固施工,确保地铁运营隧道结构安全,统一盾构法隧道工程的修复加固施工技术标准。

1.0.2 区间隧道根据施工工况环境主要分为非运营阶段衬砌加固工和运营阶段衬砌加固,其他施工工况在技术条件相同时可适用本标准。

1.0.3 本标准未规定的内容应按照国家和上海市相关标准执行。

2 术 语

本章给出了本标准有关章节引用的术语。因盾构法隧道修复加固施工技术是一项新技术,目前在术语上存在地区和习惯差异,希望通过本标准统一盾构法隧道修复加固施工质量验收的相关术语。

3 基本规定

3.0.1 盾构法隧道修复加固应以地铁运营安全为基础，施工单位编制的专项施工方案经单位技术负责人审批后报建设单位审查，并向地铁运营单位和隧道管理相关单位同意后实施。盾构法隧道修复加固施工应按照隧道管理和运营使用要求进行操作，施工前应书面通知相关单位并取得批准后，方可安排人员在规定时间进入隧道内进行施工和作业。

地铁隧道衬砌结构加固工程施工期间，应根据隧道衬砌结构病害或损坏类型及严重程度，采用安全、经济、可操作的衬砌加固技术。隧道衬砌加固施工不应降低原有结构安全性并考虑地铁运营影响，应控制加固对邻近的重要或有特殊保护要求的建(构)筑物和设施设备的影响，必要时采取保护措施。

3.0.2 地铁盾构法隧道修复加固工程作业涉及隧道内运营设施移位或保护；由于修复加固作业不得影响地铁运营，因而隧道修复加固作业时间短，对施工作业提出要求高，特别是钢内衬现场安装作业。因此，在钢内衬现场作业前，往往要求施工单位进行同等工作空间下模拟安装过程，确认安装作业与接触网或接触轨的安全距离。

3.0.4 复合腔体加固新技术是利用复合腔体构件替代钢内衬的一种隧道衬砌加固方法。其采用特制复合腔体构件，通过锚栓和结构胶固定于隧道管片内弧面，并在腔体内充填高强度材料，以此形成复合腔体与隧道共同受力的结构。适用于盾构法隧道结构有较大变形，但未出现明显破损的情况。

复合腔体是缠绕多层纤维织物的多腔方形空心钢管构件，内部设置锚固预留孔。复合腔体构件截面如图 1 所示，复合腔体构件力学性能如表 1 所示。

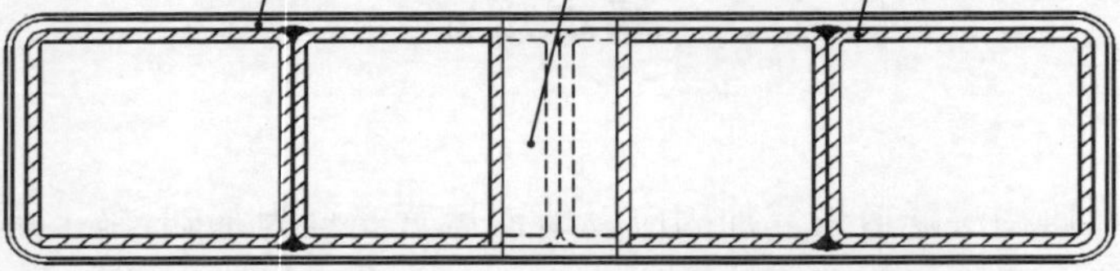

图 1　复合腔体构件截面示意图

表 1　复合腔体构件力学性能要求

性能项目		性能要求
本体性能	抗弯弯矩承载力(空腔)(kN·m)	≥14
	抗弯刚度 EI(空腔)(kN·m²)	≥63

复合腔体构件通过锚栓和结构胶固定于隧道管片内弧面，腔体内再充填高强度材料，与隧道形成共同受力的结构。充填后的腔体力学性能见表 2。

表 2　充填后的复合腔体构件力学性能要求

性能项目		性能要求
本体性能	抗弯弯矩承载力(充浆)(kN·m)	≥19.5
	抗弯刚度 EI(充浆)(kN·m²)	≥66
	抗弯弯矩承载力(空腔)(kN·m)	≥14
	抗弯刚度 EI(空腔)(kN·m²)	≥63
	抗压强度(充浆)(MPa)	≥150
	受压弹性模量 E(充浆)(MPa)	≥5.25×10⁴
	抗拉强度(充浆)(MPa)	≥500
	受拉弹性模量(充浆)(MPa)	≥5.25×10⁴
粘结能力	与混凝土正拉粘结强度(MPa)	≥1.6
	与混凝土粘结剪切强度(MPa)	≥5.5

2016 年，在某地铁区间隧道内，针对横向收敛变形达 8 cm 的位置采用了复合腔体加固新技术，加固质量满足设计要求，有效控制了隧道收敛，达到预期效果。

4 施工准备与恢复移交

4.1 施工准备

4.1.1 城市地铁盾构法隧道修复加固施工应做好文件资料收集准备,包括隧道结构监测检测数据、盾构法隧道结构设计和施工图纸等资料,应收集前期相关的结构设计、施工资料和工程地质勘察资料;隧道结构监测检测数据应包括隧道收敛变形、沉降、裂缝、错台、接缝张开量和渗漏等。同时,如进行注浆施工,应收集修复加固施工区域附近沿线的建构筑物、地下管线和障碍物等环境调查情况。对于复杂盾构法隧道修复加固工程,现场施工前的试验数据或报告以及照片影像等相关资料作为工程施工重要基础资料。

4.1.2 运营盾构法隧道修复施工中,相关大型机械设备(如隧道内钢板拼装机械手平板车、牵引机头等)应做好使用记录,并做好检修工作记录,防止在施工中发生意外,不得影响隧道的正常运营。

4.1.5 工程所使用的原材料、半成品或成品应见证试验取样和送检材料,工程的重要部位需增加送检次数,送检试样在现场施工试验中随机抽取,不得另外进行。施工过程中,见证人按照有见证取样和送检计划,对施工现场的取样和送检进行见证,并在试样或其包装上做出标识、封志。

4.2 恢复移交

4.2.1 对于施工前期临时改排的管线和既有设备,如施工结束后未能原样恢复，应通知相关管线单位进行现场核实，并按相关单位给出的意见进行改排。

4.2.2 盾构法隧道修复加固施工后，相关施工单位应及时清理现场，安排作业人员全部离场，同时检查修复加固工程和现场是否符合隧道运营条件，并向地铁运营单位和隧道管理相关单位报告作业完工情况，针对可能发生影响的问题应告知相关单位注意事项，如隧道修复加固施工保护或防护等。

5　隧道地基加固

5.1　一般规定

5.1.1　为保证地铁运营安全，盾构法隧道地基注浆采用双液微扰动注浆：它利用“双泵”将“双液浆”压注，通过特制的混合器使得双液浆充分混合，再通过注浆芯管将浆液注入土层，浆液在压力的作用下进入加固土层，随着注浆芯管的提升，在土体中形成脉状注浆体，快凝且后期强度高的浆液对于隧道的下卧土层有填充、压密和加固土体的作用，能提高土层的强度和变形模量，控制隧道沉降和收敛变形。

5.1.2　设计指标一般包含注浆范围、注浆孔位布置及注浆深度等。

某工程隧道地基加固是在隧道两侧对称布设注浆孔，先在隧道两侧分别布设 L1 和 R1 两排注浆孔位，孔位距隧道边线约 3 m，注浆过程中实时监测隧道收敛情况。当 L1 和 R1 两排注浆对隧道收敛效果不明显时，在隧道两侧再布设 L2 和 R2 两排注浆孔位，孔位距隧道边线约 2.4 m，加强注浆效果；当 L1 和 R1 两排注浆对隧道收敛效果明显时，在隧道两侧再布设 L3 和 R3 两排注浆孔位，孔位距隧道边线约 3.6 m，对已产生的收敛效果起到稳定加固作用，注浆孔采用梅花形布置。各注浆孔位根据地面环境、管线情况等条件适当调整。通常情况下，注浆深度覆盖隧道竖径范围，并根据加固效果调整优化。

5.1.3　通常情况下，隧道稳定是根据隧道监测数据和隧道结构后评估报告来确定的。

5.1.5　通常情况下，注浆压力为泵阻力、注浆点位的水土压力和浆液扩散一定范围所需的压力之和。

5.4 隧道内部注浆加固

5.4.1 盾构施工阶段的隧道内部注浆加固应避免对盾构施工的影响。隧道完工后运营前的隧道内部注浆应避免对铺轨、运营设施安装和列车调试等作业的影响，合理筹划注浆施工的时间和空间。

5.4.5 封孔为最终处理，即经封孔处理后的注浆孔应不成为以后导致隧道道床渗漏水、影响列车运营安全的隐患。

6　隧道渗漏处理

6.1　一般规定

6.1.1　渗漏处理前，应了解隧道渗漏水位置、工程水文地质情况、季节、隧道埋深、隧道温度及湿度等信息，并编制专项施工方案。渗漏管片环、纵缝渗漏的处理宜根据渗漏水状况及现场施工条件采取注浆止水或嵌填密封，必要时可采取壁后注浆措施。

6.2　材　料

6.2.1　油溶性聚氨酯的抗压强度可根据隧道渗漏处理工况需求确定，抗压强度指标一般不小于 6 MPa，检测方法可按照现行行业标准《聚氨酯灌浆材料》JC/T 2041 执行。

6.3　渗漏治理

6.3.1　注浆压力应控制在 0.2 MPa～0.4 MPa；对于二次钻孔注浆，第一次注浆压力应控制在 0.1 MPa～0.5 MPa，第二次注浆压力应控制在 0.5 MPa～0.8 MPa；当压力保持 5 min 无明显降低时，可结束注浆。

6.3.2　骑缝注浆压力一般控制在 0.1 MPa～0.5 MPa，待浆液贯通后封管加压至 0.5 MPa，且压力保持 5 min 无明显降低时，即可结束注浆。

6.3.3　管片接缝注浆压力应控制在 0.1 MPa～0.4 MPa，注浆流量应控制在 5 L/min～10 L/min。待浆液贯通后，封管加压至 0.5 MPa 且压力保持 5 min 无明显降低时，可结束注浆。

7 隧道结构处理

7.2 材 料

7.2.4 地铁盾构法隧道处于相对密闭空间，可能存在局部升温情况，纤维织物粘贴加固应在高温状态下不脱落，故提出了 80 ℃粘结强度要求。

7.3 管片破损修补

7.3.1 取材、搅拌修补树脂宜离开修补管片位置 5 m 左右，以防止清除浮灰过程中浮灰落入修补树脂中。

7.3.2 管片修补部位的强度应不小于设计要求。

7.5 纤维织物粘贴

7.5.1 纤维织物粘贴加固是利用纤维织物的抗拉强度和结构粘结剂的粘结作用，对破裂管片或张开接缝进行加固，临时改善隧道结构受力。对于地铁盾构法隧道，纤维织物粘贴加固属于快速临时加固方式，多用于应急抢险阶段。一般情况，当隧道顶部裂缝宽度或裂缝集中的缺陷面超过设计标准，可临时采用纤维织物粘贴加固，期间应加强纤维织物防脱落的措施和隧道运营安全检查，并在隧道实施永久加固前应将纤维织物去除。

7.5.4 在材料进场验收方面，严格核对材料的包装、外观、证明文件，并需要对进场的纤维织物、结构粘结剂进行见证取样复试。纤维织物的复试内容包括抗拉强度、弹性模量、极限伸长率，以及单位面积质量;粘结剂的材料复试内容包括正常粘结强度、抗拉强度、抗弯强度、张拉剪切强度和混凝土正拉粘结强度等。

7.5.5 纤维织物粘贴完成后,在地铁车辆运营前粘结强度必须满足要求。因此,粘结剂的固化时间应符合要求。

8 隧道钢内衬加固

8.1 一般规定

8.1.1 隧道地基注浆可根据隧道所处地层条件选择性实施，若不注浆，仍应加强隧道变形监测，待变形收敛数据稳定后再实施钢内衬安装。钢内衬安装完毕后应进行管线的复位工作，支架的复位根据设计和运营要求实施。

足尺试验是全面了解结构承载性能的研究手段之一。针对隧道钢内衬加固施工工艺，编制组相继开展了一定的研究工作，具体如图2～图5所示。

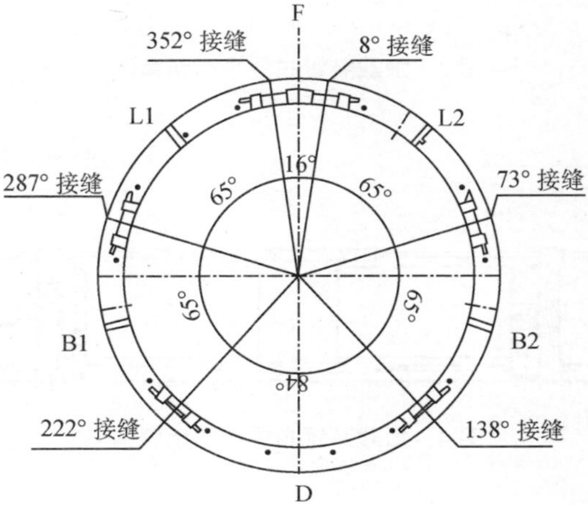

图2 试件示意图

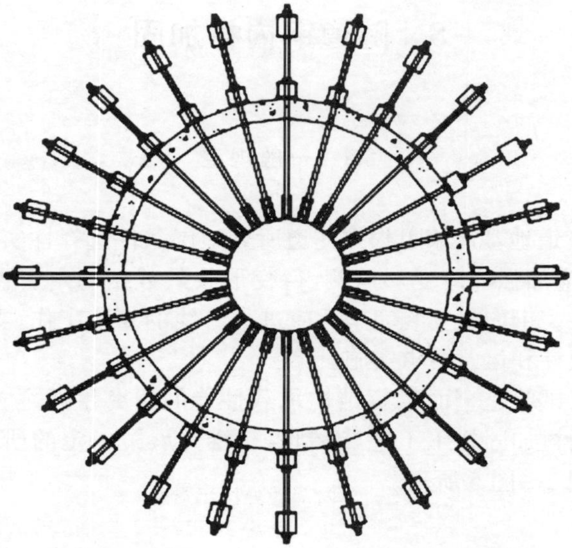

图 3　加载装置布置平面示意图

图 4　加载装置布置剖面示意图

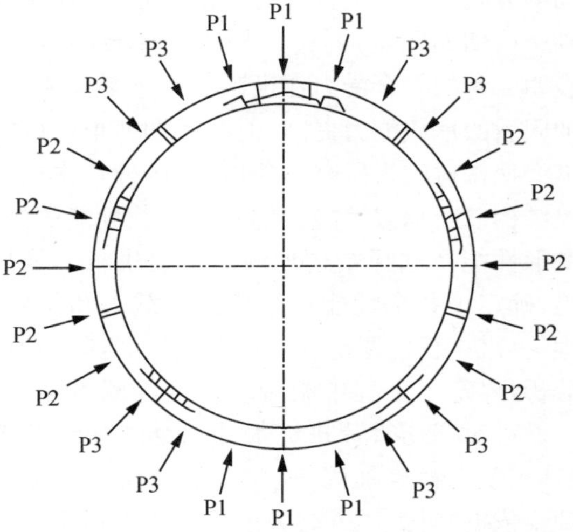

图 5　环向荷载分组示意图

结合当前地铁运营实践，如下结论可供参考：①区间隧道在设计及施工验收标准允许变形范围内（2‰D～5‰D 隧道收敛变形）可满足设计要求以及工程使用要求。当隧道收敛变形超过 20‰D，隧道对外部荷载变化较为敏感，管片接头会产生较大的张开量以及局部管片压损。隧道变形（通缝）极限约为 15 cm～18 cm，约为 25‰D～30‰D。隧道破坏主要表现为螺栓——接缝的破坏形式，试验最终破坏为 F 与 L 块连接接头外侧混凝土压碎，导致结构整体刚度大幅度下降。②区间隧道在外部侧向卸载工况下结构的变形比上部超载工况下隧道变形更为敏感，对盾构隧道结构的承载能力影响较大，在隧道受力处于平衡状态条件下应严格控制隧道结构周边侧向卸载活动的影响。③区间隧道收敛变形超过 20‰D，应及时开展隧道结构加固，通过试验及理论分析研究，区间隧道大变形结构修复采用钢内衬以及钢-混凝土复合结构修复技术修复后均可满足隧道正常使用要求。④采取钢内衬加固的方式对管片结构进行后期补强，整体结构刚度基本恢复到衬砌结构初始刚度，衬砌结构极限荷载亦得到大幅提升，通过试验表明二者的叠合受力在极限状态下易发生粘结-锚固失效。隧道加固后的承载能力提高，但对后期变形适应能力相对较弱。⑤以上海地铁衬砌为研究对象，在国内外首次进行了盾构隧道衬砌足尺结构极限承载性能及加固后承载性能的试验研究，为评估结构变形性能及选择结构加固时机提供科学依据。通过极限承载试验，确定了各个性能点结构的承载力和位移，用试验结果来建立理论分析模型、调整分析模型参数。通过对极限承载试验结果的分析，界定了工程中结构变形的加固条件，为工程运用提供参考。通过对损伤管片进行加固后继续加载的极限承载试验研究，评估了现有衬砌加固方法的效果，为既有加固方法的提升提供了理论依据和技术支撑，为工程运用提供了优化建议。探索了运营地铁维护的理论依据和技术手段。基于工程实践经验、足尺模型试验结果、理论分析成果，探明了上海地区中埋地铁盾构隧道性能发展特征。

8.1.2 运营隧道内钢内衬加固：可由 2 块钢内衬牛腿和 3 块钢内衬环板组成，同时钢内衬牛腿可用钢内衬拉条连接；非运营隧道内钢内衬加固可由 6 块钢内衬环板组成。

8.2 材 料

8.2.1 刚性环氧树脂是环氧树脂的一种，主要是用于管片与钢内衬之间的间隙填充，因充填材料的抗压强度指标不小于混凝土自身强度，故所选用的环氧树脂称为刚性环氧树脂。弹性环氧树脂是环氧树脂的一种，主要是用于管片环、纵缝填充，因充填材料的延伸率指标不小于 80%，故所选用的环氧树脂称为弹性环氧树脂。

8.3 钢内衬制作与加工

8.3.1 钢内衬尺寸包括宽度、厚度、弧度、弧长、分块数量，所有加固管片均应测量放样；钢内衬检查是指出厂后的复查，以抽查为主，因钢内衬顶板制作时为保证拼装长度足够，故顶板弧长一般大于设计值；厂内加工时应做好施工记录。

8.3.2 钢内衬出厂前进行一度防腐处理是为了防止钢板在运输、存放期间锈蚀，影响后续喷涂效果。一度防腐喷涂方式宜选择高压喷枪，防腐材料在钢板上的附着效果才会达到最佳。钢板端头拼接位置宜预留 50 mm 不进行喷涂，待钢板焊接成环后再喷涂。

8.4 钢内衬安装

8.4.1 加固范围的手孔封堵、衬砌找平处理后隧道衬砌表面应与周边衬砌齐平，环纵缝封堵、渗漏水处理后，隧道衬砌表面不应出现明显湿渍。

8.4.2 钢内衬安装时应进行固定，一般先采用膨胀螺栓进行固定，后续再用化学锚栓固定。

8.4.3 钢内衬封边是指用快干水泥与环氧胶泥类材料相结合方式将钢板两侧与管片接触部位填充起来，使钢板与管片之间形成一个空腔以填充环氧粘结材料；封边的同时埋设注浆管，考虑环氧填充效果，埋设间距应不大于 600 mm。

8.4.4 钢内衬成环焊接应采用 CO_2 气体保护焊，坡口形式焊接，焊缝及熔敷深度依据二级标准控制。施焊前，应清除待焊区间及其两端以外 50 mm 范围内的尘土、漆皮、涂料层、铁锈及其他污垢，并打磨至露出金属光泽。

二度喷涂防腐主要针对后期植入的锚栓、钢板接缝焊接部分，同时对原有喷涂层进行加强处理，以确保防腐效果。

膨胀螺栓及化学锚栓拉拔测试宜选在不进行加固的混凝土管片上进行，以免影响已锚固钢内衬的加固效果。

钢内衬结构如图6所示。

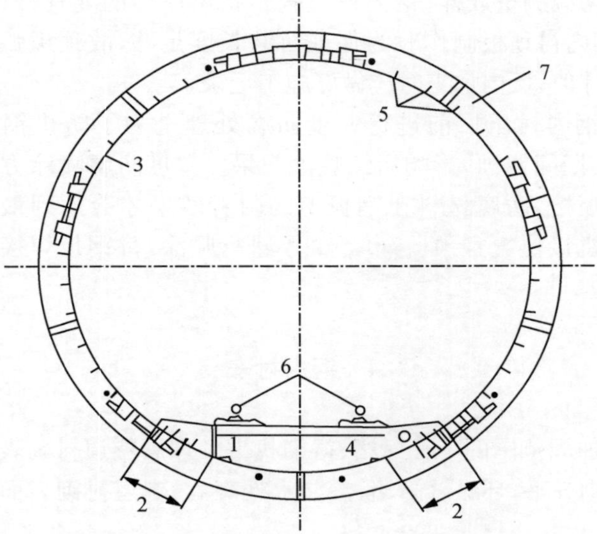

1—道床；2—钢牛腿；3—钢环板；4—钢拉板；
5—锚栓；6—钢轨；7—隧道管片

图6　钢内衬结构示意图

8.4.7　钢内衬环板顶部采用M20化学锚栓，锚固深度应控制在200 mm；钢内衬环板其他部位采用M16化学锚栓，锚固深度应控制在160 mm；所有锚固部位应避开管片手孔位置，且不小于设计要求的锚固植数。

8.5　间隙环氧充填

8.5.1　环氧粘结材料填充前，应用吹风机等工具将钢板与管片之间灰尘及杂物清理干净，以免影响粘结效果。压注时，其压注顺序宜从下至上、对称分层进行，分多次压注，以方便控制填充密实度。

9 测量与监测

9.1 一般规定

9.1.1 盾构法隧道衬砌加固施工中，应对隧道结构变形和沉降状态进行监测，特殊段修复加固施工采用外部注浆等施工作业，应对邻近环境设施的沉降和变形进行监测。根据监测数据分析结果，调整施工措施。